Arbeitsschutzgesetz
ArbSchG

mit
ArbStättV

Impressum

© GROELSV – Verlag, Hans-Much-Weg 14, 20249 Hamburg, Telefon: 040/ 32030598; - Redaktion GROELSV

Wir sind bemüht, ein ansprechendes Produkt zu gestalten, dass vernünftigen Ansprüchen an das Preis/Leistungsverhältnis gerecht wird. Buchbewertungen, z. B. über den Distributor Amazon sind ausdrücklich erwünscht. Konstruktive Anregungen nutzen wir gerne, um künftige Auflagen zu ergänzen und anzupassen.

Die Rechte am Werk, insbesondere für die Zusammenstellung, die Cover- und weitere Gestaltung liegen beim Verlag. Trotz sorgfältigster Bearbeitung und Qualitätskontrolle können Übertragungsfehler und technische Fehler nicht letztgültig ausgeschlossen werden. Fachanwaltliche Beratung wird durch die Konsultation einer Rechtssammlung nicht ersetzt.

Inhaltsverzeichnis

Gesetz über die Durchführung von Maßnahmen des Arbeitsschutzes zur

Verbesserung der Sicherheit und des Gesundheitsschutzes der

Beschäftigten bei der Arbeit

(Arbeitsschutzgesetz - ArbSchG)

ArbSchG

Ausfertigungsdatum: 07.08.1996

"Arbeitsschutzgesetz vom 7. August 1996 (BGBl. I S. 1246), das zuletzt durch Artikel 8 des Gesetzes vom 19. Oktober 2013 (BGBl. I S. 3836) geändert worden ist"

Stand: Zuletzt geändert durch Art. 8 G v. 19.10.2013 I 3836

Änderung der Inhaltsübersicht durch Art. 1 Nr. 1 V v. 23.10.2013 I 3882 ist nicht ausführbar, da dieses G kein amtliche Inhaltsübersicht hat

Dieses Gesetz dient der Umsetzung folgender EG-Richtlinien: -Richtlinie 89/391/EWG des Rates vom 12. Juni 1989 über die Durchführung von Maßnahmen zur Verbesserung der Sicherheit und des Gesundheitsschutzes der Arbeitnehmer bei der Arbeit (ABl. EG Nr. L 183 S. 1) und - Richtlinie 91/383/EWG des Rates vom 25. Juni 1991 zur Ergänzung der Maßnahmen zur Verbesserung der Sicherheit und des Gesundheitsschutzes von Arbeitnehmern mit befristetem Arbeitsverhältnis oder Leiharbeitsverhältnis (ABl. EG Nr. L 206 S. 19).

Erster Abschnitt
Allgemeine Vorschriften

Nichtamtliches Inhaltsverzeichnis

§ 1 Zielsetzung und Anwendungsbereich

(1) Dieses Gesetz dient dazu, Sicherheit und Gesundheitsschutz der Beschäftigten bei der Arbeit durch Maßnahmen des Arbeitsschutzes zu sichern und zu verbessern. Es gilt in allen Tätigkeitsbereichen und findet im Rahmen der Vorgaben des Seerechtsübereinkommens der Vereinten Nationen vom 10. Dezember 1982 (BGBl. 1994 II S. 1799) auch in der ausschließlichen Wirtschaftszone Anwendung.
(2) Dieses Gesetz gilt nicht für den Arbeitsschutz von Hausangestellten in privaten Haushalten. Es gilt nicht für den Arbeitsschutz von Beschäftigten auf Seeschiffen und in Betrieben, die dem Bundesberggesetz unterliegen, soweit dafür entsprechende Rechtsvorschriften bestehen.

(3) Pflichten, die die Arbeitgeber zur Gewährleistung von Sicherheit und Gesundheitsschutz der Beschäftigten bei der Arbeit nach sonstigen Rechtsvorschriften haben, bleiben unberührt. Satz 1 gilt entsprechend für Pflichten und Rechte der Beschäftigten. Unberührt bleiben Gesetze, die andere Personen als Arbeitgeber zu Maßnahmen des Arbeitsschutzes verpflichten.

(4) Bei öffentlich-rechtlichen Religionsgemeinschaften treten an die Stelle der Betriebs- oder Personalräte die Mitarbeitervertretungen entsprechend dem kirchlichen Recht.

Nichtamtliches Inhaltsverzeichnis

§ 2 Begriffsbestimmungen

(1) Maßnahmen des Arbeitsschutzes im Sinne dieses Gesetzes sind Maßnahmen zur Verhütung von Unfällen bei der Arbeit und arbeitsbedingten Gesundheitsgefahren einschließlich Maßnahmen der menschengerechten Gestaltung der Arbeit.

(2) Beschäftigte im Sinne dieses Gesetzes sind:

1.

Arbeitnehmerinnen und Arbeitnehmer,

2.

die zu ihrer Berufsbildung Beschäftigten,

3.

arbeitnehmerähnliche Personen im Sinne des § 5 Abs. 1 des Arbeitsgerichtsgesetzes, ausgenommen die in Heimarbeit Beschäftigten und die ihnen Gleichgestellten,

4.

Beamtinnen und Beamte,

5.

Richterinnen und Richter,

6.

Soldatinnen und Soldaten,

7.

die in Werkstätten für Behinderte Beschäftigten.

(3) Arbeitgeber im Sinne dieses Gesetzes sind natürliche und juristische Personen und rechtsfähige Personengesellschaften, die Personen nach Absatz 2 beschäftigen.

(4) Sonstige Rechtsvorschriften im Sinne dieses Gesetzes sind Regelungen über Maßnahmen des Arbeitsschutzes in anderen Gesetzen, in Rechtsverordnungen und Unfallverhütungsvorschriften.

(5) Als Betriebe im Sinne dieses Gesetzes gelten für den Bereich des öffentlichen Dienstes die Dienststellen. Dienststellen sind die einzelnen Behörden, Verwaltungsstellen und Betriebe der Verwaltungen des Bundes, der Länder, der Gemeinden und der sonstigen Körperschaften, Anstalten und Stiftungen des öffentlichen Rechts, die Gerichte des Bundes und der Länder sowie die entsprechenden Einrichtungen der Streitkräfte.

Zweiter Abschnitt

Pflichten des Arbeitgebers

Nichtamtliches Inhaltsverzeichnis

§ 3 Grundpflichten des Arbeitgebers

(1) Der Arbeitgeber ist verpflichtet, die erforderlichen Maßnahmen des Arbeitsschutzes unter Berücksichtigung der Umstände zu treffen, die Sicherheit und Gesundheit der Beschäftigten bei der Arbeit beeinflussen. Er hat die Maßnahmen auf ihre Wirksamkeit zu überprüfen und

erforderlichenfalls sich ändernden Gegebenheiten anzupassen. Dabei hat er eine Verbesserung von Sicherheit und Gesundheitsschutz der Beschäftigten anzustreben.

(2) Zur Planung und Durchführung der Maßnahmen nach Absatz 1 hat der Arbeitgeber unter Berücksichtigung der Art der Tätigkeiten und der Zahl der Beschäftigten

1.

   für eine geeignete Organisation zu sorgen und die erforderlichen Mittel bereitzustellen sowie

2.

   Vorkehrungen zu treffen, daß die Maßnahmen erforderlichenfalls bei allen Tätigkeiten und eingebunden in die betrieblichen Führungsstrukturen beachtet werden und die Beschäftigten ihren Mitwirkungspflichten nachkommen können.

(3) Kosten für Maßnahmen nach diesem Gesetz darf der Arbeitgeber nicht den Beschäftigten auferlegen.

Nichtamtliches Inhaltsverzeichnis

§ 4 Allgemeine Grundsätze

Der Arbeitgeber hat bei Maßnahmen des Arbeitsschutzes von folgenden allgemeinen Grundsätzen auszugehen:

1.

   Die Arbeit ist so zu gestalten, daß eine Gefährdung für das Leben sowie die physische und die psychische Gesundheit möglichst vermieden und die verbleibende Gefährdung möglichst gering gehalten wird;

2.

Gefahren sind an ihrer Quelle zu bekämpfen;

3.

bei den Maßnahmen sind der Stand von Technik, Arbeitsmedizin und Hygiene sowie sonstige gesicherte arbeitswissenschaftliche Erkenntnisse zu berücksichtigen;

4.

Maßnahmen sind mit dem Ziel zu planen, Technik, Arbeitsorganisation, sonstige Arbeitsbedingungen, soziale Beziehungen und Einfluß der Umwelt auf den Arbeitsplatz sachgerecht zu verknüpfen;

5.

individuelle Schutzmaßnahmen sind nachrangig zu anderen Maßnahmen;

6.

spezielle Gefahren für besonders schutzbedürftige Beschäftigtengruppen sind zu berücksichtigen;

7.

den Beschäftigten sind geeignete Anweisungen zu erteilen;

8.

mittelbar oder unmittelbar geschlechtsspezifisch wirkende Regelungen sind nur zulässig, wenn dies aus biologischen Gründen zwingend geboten ist.

Nichtamtliches Inhaltsverzeichnis

§ 5 Beurteilung der Arbeitsbedingungen

(1) Der Arbeitgeber hat durch eine Beurteilung der für die Beschäftigten mit ihrer Arbeit verbundenen Gefährdung zu ermitteln, welche Maßnahmen des Arbeitsschutzes erforderlich sind.

(2) Der Arbeitgeber hat die Beurteilung je nach Art der Tätigkeiten vorzunehmen. Bei gleichartigen Arbeitsbedingungen ist die Beurteilung eines Arbeitsplatzes oder einer Tätigkeit ausreichend.

(3) Eine Gefährdung kann sich insbesondere ergeben durch

1.

die Gestaltung und die Einrichtung der Arbeitsstätte und des Arbeitsplatzes,

2.

physikalische, chemische und biologische Einwirkungen,

3.

die Gestaltung, die Auswahl und den Einsatz von Arbeitsmitteln, insbesondere von Arbeitsstoffen, Maschinen, Geräten und Anlagen sowie den Umgang damit,

4.

die Gestaltung von Arbeits- und Fertigungsverfahren, Arbeitsabläufen und Arbeitszeit und deren Zusammenwirken,

5.

unzureichende Qualifikation und Unterweisung der Beschäftigten,

6.

psychische Belastungen bei der Arbeit.

Nichtamtliches Inhaltsverzeichnis

§ 6 Dokumentation

(1) Der Arbeitgeber muß über die je nach Art der Tätigkeiten und der Zahl der Beschäftigten erforderlichen Unterlagen verfügen, aus denen das Ergebnis der Gefährdungsbeurteilung, die von ihm festgelegten Maßnahmen des Arbeitsschutzes und das Ergebnis ihrer Überprüfung ersichtlich sind. Bei

gleichartiger Gefährdungssituation ist es ausreichend, wenn die Unterlagen zusammengefaßte Angaben enthalten.

(2) Unfälle in seinem Betrieb, bei denen ein Beschäftigter getötet oder so verletzt wird, daß er stirbt oder für mehr als drei Tage völlig oder teilweise arbeits- oder dienstunfähig wird, hat der Arbeitgeber zu erfassen.

Nichtamtliches Inhaltsverzeichnis

§ 7 Übertragung von Aufgaben

Bei der Übertragung von Aufgaben auf Beschäftigte hat der Arbeitgeber je nach Art der Tätigkeiten zu berücksichtigen, ob die Beschäftigten befähigt sind, die für die Sicherheit und den Gesundheitsschutz bei der Aufgabenerfüllung zu beachtenden Bestimmungen und Maßnahmen einzuhalten.

Nichtamtliches Inhaltsverzeichnis

§ 8 Zusammenarbeit mehrerer Arbeitgeber

(1) Werden Beschäftigte mehrerer Arbeitgeber an einem Arbeitsplatz tätig, sind die Arbeitgeber verpflichtet, bei der Durchführung der Sicherheits- und Gesundheitsschutzbestimmungen zusammenzuarbeiten. Soweit dies für die Sicherheit und den Gesundheitsschutz der Beschäftigten bei der Arbeit erforderlich ist, haben die Arbeitgeber je nach Art der Tätigkeiten insbesondere sich gegenseitig und ihre Beschäftigten über die mit den Arbeiten verbundenen Gefahren für Sicherheit und Gesundheit der Beschäftigten zu unterrichten und Maßnahmen zur Verhütung dieser Gefahren abzustimmen.

(2) Der Arbeitgeber muß sich je nach Art der Tätigkeit vergewissern, daß die Beschäftigten anderer Arbeitgeber, die in seinem Betrieb tätig werden,

9

hinsichtlich der Gefahren für ihre Sicherheit und Gesundheit während ihrer Tätigkeit in seinem Betrieb angemessene Anweisungen erhalten haben.

Nichtamtliches Inhaltsverzeichnis

§ 9 Besondere Gefahren

(1) Der Arbeitgeber hat Maßnahmen zu treffen, damit nur Beschäftigte Zugang zu besonders gefährlichen Arbeitsbereichen haben, die zuvor geeignete Anweisungen erhalten haben.

(2) Der Arbeitgeber hat Vorkehrungen zu treffen, daß alle Beschäftigten, die einer unmittelbaren erheblichen Gefahr ausgesetzt sind oder sein können, möglichst frühzeitig über diese Gefahr und die getroffenen oder zu treffenden Schutzmaßnahmen unterrichtet sind. Bei unmittelbarer erheblicher Gefahr für die eigene Sicherheit oder die Sicherheit anderer Personen müssen die Beschäftigten die geeigneten Maßnahmen zur Gefahrenabwehr und Schadensbegrenzung selbst treffen können, wenn der zuständige Vorgesetzte nicht erreichbar ist; dabei sind die Kenntnisse der Beschäftigten und die vorhandenen technischen Mittel zu berücksichtigen. Den Beschäftigten dürfen aus ihrem Handeln keine Nachteile entstehen, es sei denn, sie haben vorsätzlich oder grob fahrlässig ungeeignete Maßnahmen getroffen.

(3) Der Arbeitgeber hat Maßnahmen zu treffen, die es den Beschäftigten bei unmittelbarer erheblicher Gefahr ermöglichen, sich durch sofortiges Verlassen der Arbeitsplätze in Sicherheit zu bringen. Den Beschäftigten dürfen hierdurch keine Nachteile entstehen. Hält die unmittelbare erhebliche Gefahr an, darf der Arbeitgeber die Beschäftigten nur in besonders begründeten Ausnahmefällen auffordern, ihre Tätigkeit wieder aufzunehmen. Gesetzliche Pflichten der Beschäftigten zur Abwehr von Gefahren für die

10

öffentliche Sicherheit sowie die §§ 7 und 11 des Soldatengesetzes bleiben unberührt.

§ 10 Erste Hilfe und sonstige Notfallmaßnahmen

(1) Der Arbeitgeber hat entsprechend der Art der Arbeitsstätte und der Tätigkeiten sowie der Zahl der Beschäftigten die Maßnahmen zu treffen, die zur Ersten Hilfe, Brandbekämpfung und Evakuierung der Beschäftigten erforderlich sind. Dabei hat er der Anwesenheit anderer Personen Rechnung zu tragen. Er hat auch dafür zu sorgen, daß im Notfall die erforderlichen Verbindungen zu außerbetrieblichen Stellen, insbesondere in den Bereichen der Ersten Hilfe, der medizinischen Notversorgung, der Bergung und der Brandbekämpfung eingerichtet sind.

(2) Der Arbeitgeber hat diejenigen Beschäftigten zu benennen, die Aufgaben der Ersten Hilfe, Brandbekämpfung und Evakuierung der Beschäftigten übernehmen. Anzahl, Ausbildung und Ausrüstung der nach Satz 1 benannten Beschäftigten müssen in einem angemessenen Verhältnis zur Zahl der Beschäftigten und zu den bestehenden besonderen Gefahren stehen. Vor der Benennung hat der Arbeitgeber den Betriebs- oder Personalrat zu hören. Weitergehende Beteiligungsrechte bleiben unberührt. Der Arbeitgeber kann die in Satz 1 genannten Aufgaben auch selbst wahrnehmen, wenn er über die nach Satz 2 erforderliche Ausbildung und Ausrüstung verfügt.

§ 11 Arbeitsmedizinische Vorsorge

Der Arbeitgeber hat den Beschäftigten auf ihren Wunsch unbeschadet der

Pflichten aus anderen Rechtsvorschriften zu ermöglichen, sich je nach den Gefahren für ihre Sicherheit und Gesundheit bei der Arbeit regelmäßig arbeitsmedizinisch untersuchen zu lassen, es sei denn, auf Grund der Beurteilung der Arbeitsbedingungen und der getroffenen Schutzmaßnahmen ist nicht mit einem Gesundheitsschaden zu rechnen.

Nichtamtliches Inhaltsverzeichnis

§ 12 Unterweisung

(1) Der Arbeitgeber hat die Beschäftigten über Sicherheit und Gesundheitsschutz bei der Arbeit während ihrer Arbeitszeit ausreichend und angemessen zu unterweisen. Die Unterweisung umfaßt Anweisungen und Erläuterungen, die eigens auf den Arbeitsplatz oder den Aufgabenbereich der Beschäftigten ausgerichtet sind. Die Unterweisung muß bei der Einstellung, bei Veränderungen im Aufgabenbereich, der Einführung neuer Arbeitsmittel oder einer neuen Technologie vor Aufnahme der Tätigkeit der Beschäftigten erfolgen. Die Unterweisung muß an die Gefährdungsentwicklung angepaßt sein und erforderlichenfalls regelmäßig wiederholt werden.

(2) Bei einer Arbeitnehmerüberlassung trifft die Pflicht zur Unterweisung nach Absatz 1 den Entleiher. Er hat die Unterweisung unter Berücksichtigung der Qualifikation und der Erfahrung der Personen, die ihm zur Arbeitsleistung überlassen werden, vorzunehmen. Die sonstigen Arbeitsschutzpflichten des Verleihers bleiben unberührt.

Nichtamtliches Inhaltsverzeichnis

§ 13 Verantwortliche Personen

(1) Verantwortlich für die Erfüllung der sich aus diesem Abschnitt

ergebenden Pflichten sind neben dem Arbeitgeber

1.

sein gesetzlicher Vertreter,

2.

das vertretungsberechtigte Organ einer juristischen Person,

3.

der vertretungsberechtigte Gesellschafter einer
Personenhandelsgesellschaft,

4.

Personen, die mit der Leitung eines Unternehmens oder eines
Betriebes beauftragt sind, im Rahmen der ihnen übertragenen
Aufgaben und Befugnisse,

5.

sonstige nach Absatz 2 oder nach einer auf Grund dieses Gesetzes
erlassenen Rechtsverordnung oder nach einer
Unfallverhütungsvorschrift verpflichtete Personen im Rahmen ihrer
Aufgaben und Befugnisse.

(2) Der Arbeitgeber kann zuverlässige und fachkundige Personen schriftlich
damit beauftragen, ihm obliegende Aufgaben nach diesem Gesetz in eigener
Verantwortung wahrzunehmen.

Nichtamtliches Inhaltsverzeichnis

§ 14 Unterrichtung und Anhörung der Beschäftigten des öffentlichen
Dienstes

(1) Die Beschäftigten des öffentlichen Dienstes sind vor Beginn der
Beschäftigung und bei Veränderungen in ihren Arbeitsbereichen über
Gefahren für Sicherheit und Gesundheit, denen sie bei der Arbeit ausgesetzt

13

sein können, sowie über die Maßnahmen und Einrichtungen zur Verhütung dieser Gefahren und die nach § 10 Abs. 2 getroffenen Maßnahmen zu unterrichten.

(2) Soweit in Betrieben des öffentlichen Dienstes keine Vertretung der Beschäftigten besteht, hat der Arbeitgeber die Beschäftigten zu allen Maßnahmen zu hören, die Auswirkungen auf Sicherheit und Gesundheit der Beschäftigten haben können.

Dritter Abschnitt
Pflichten und Rechte der Beschäftigten

Nichtamtliches Inhaltsverzeichnis

§ 15 Pflichten der Beschäftigten

(1) Die Beschäftigten sind verpflichtet, nach ihren Möglichkeiten sowie gemäß der Unterweisung und Weisung des Arbeitgebers für ihre Sicherheit und Gesundheit bei der Arbeit Sorge zu tragen. Entsprechend Satz 1 haben die Beschäftigten auch für die Sicherheit und Gesundheit der Personen zu sorgen, die von ihren Handlungen oder Unterlassungen bei der Arbeit betroffen sind.

(2) Im Rahmen des Absatzes 1 haben die Beschäftigten insbesondere Maschinen, Geräte, Werkzeuge, Arbeitsstoffe, Transportmittel und sonstige Arbeitsmittel sowie Schutzvorrichtungen und die ihnen zur Verfügung gestellte persönliche Schutzausrüstung bestimmungsgemäß zu verwenden.

Nichtamtliches Inhaltsverzeichnis

§ 16 Besondere Unterstützungspflichten

(1) Die Beschäftigten haben dem Arbeitgeber oder dem zuständigen

14

Vorgesetzten jede von ihnen festgestellte unmittelbare erhebliche Gefahr für die Sicherheit und Gesundheit sowie jeden an den Schutzsystemen festgestellten Defekt unverzüglich zu melden.

(2) Die Beschäftigten haben gemeinsam mit dem Betriebsarzt und der Fachkraft für Arbeitssicherheit den Arbeitgeber darin zu unterstützen, die Sicherheit und den Gesundheitsschutz der Beschäftigten bei der Arbeit zu gewährleisten und seine Pflichten entsprechend den behördlichen Auflagen zu erfüllen. Unbeschadet ihrer Pflicht nach Absatz 1 sollen die Beschäftigten von ihnen festgestellte Gefahren für Sicherheit und Gesundheit und Mängel an den Schutzsystemen auch der Fachkraft für Arbeitssicherheit, dem Betriebsarzt oder dem Sicherheitsbeauftragten nach § 22 des Siebten Buches Sozialgesetzbuch mitteilen.

Nichtamtliches Inhaltsverzeichnis

§ 17 Rechte der Beschäftigten

(1) Die Beschäftigten sind berechtigt, dem Arbeitgeber Vorschläge zu allen Fragen der Sicherheit und des Gesundheitsschutzes bei der Arbeit zu machen. Für Beamtinnen und Beamte des Bundes ist § 125 des Bundesbeamtengesetzes anzuwenden. Entsprechendes Landesrecht bleibt unberührt.

(2) Sind Beschäftigte auf Grund konkreter Anhaltspunkte der Auffassung, daß die vom Arbeitgeber getroffenen Maßnahmen und bereitgestellten Mittel nicht ausreichen, um die Sicherheit und den Gesundheitsschutz bei der Arbeit zu gewährleisten, und hilft der Arbeitgeber darauf gerichteten Beschwerden von Beschäftigten nicht ab, können sich diese an die zuständige Behörde wenden. Hierdurch dürfen den Beschäftigten keine Nachteile entstehen. Die in Absatz 1 Satz 2 und 3 genannten Vorschriften

sowie die Vorschriften der Wehrbeschwerdeordnung und des Gesetzes über den Wehrbeauftragten des Deutschen Bundestages bleiben unberührt.

Vierter Abschnitt
Verordnungsermächtigungen

§ 18 Verordnungsermächtigungen

(1) Die Bundesregierung wird ermächtigt, durch Rechtsverordnung mit Zustimmung des Bundesrates vorzuschreiben, welche Maßnahmen der Arbeitgeber und die sonstigen verantwortlichen Personen zu treffen haben und wie sich die Beschäftigten zu verhalten haben, um ihre jeweiligen Pflichten, die sich aus diesem Gesetz ergeben, zu erfüllen. In diesen Rechtsverordnungen kann auch bestimmt werden, daß bestimmte Vorschriften des Gesetzes zum Schutz anderer als in § 2 Abs. 2 genannter Personen anzuwenden sind.

(2) Durch Rechtsverordnungen nach Absatz 1 kann insbesondere bestimmt werden,

1.

daß und wie zur Abwehr bestimmter Gefahren Dauer oder Lage der Beschäftigung oder die Zahl der Beschäftigten begrenzt werden muß,

2.

daß der Einsatz bestimmter Arbeitsmittel oder -verfahren mit besonderen Gefahren für die Beschäftigten verboten ist oder der zuständigen Behörde angezeigt oder von ihr erlaubt sein muß oder besonders gefährdete Personen dabei nicht beschäftigt werden dürfen,

3.

daß bestimmte, besonders gefährliche Betriebsanlagen einschließlich der Arbeits- und Fertigungsverfahren vor Inbetriebnahme, in regelmäßigen Abständen oder auf behördliche Anordnung fachkundig geprüft werden müssen,

4.

daß Beschäftigte, bevor sie eine bestimmte gefährdende Tätigkeit aufnehmen oder fortsetzen oder nachdem sie sie beendet haben, arbeitsmedizinisch zu untersuchen sind und welche besonderen Pflichten der Arzt dabei zu beachten hat,

5.

dass Ausschüsse zu bilden sind, denen die Aufgabe übertragen wird, die Bundesregierung oder das zuständige Bundesministerium zur Anwendung der Rechtsverordnungen zu beraten, dem Stand der Technik, Arbeitsmedizin und Hygiene entsprechende Regeln und sonstige gesicherte arbeitswissenschaftliche Erkenntnisse zu ermitteln sowie Regeln zu ermitteln, wie die in den Rechtsverordnungen gestellten Anforderungen erfüllt werden können. Das Bundesministerium für Arbeit und Soziales kann die Regeln und Erkenntnisse amtlich bekannt machen.

Nichtamtliches Inhaltsverzeichnis

§ 19 Rechtsakte der Europäischen Gemeinschaften und zwischenstaatliche Vereinbarungen

Rechtsverordnungen nach § 18 können auch erlassen werden, soweit dies zur Durchführung von Rechtsakten des Rates oder der Kommission der Europäischen Gemeinschaften oder von Beschlüssen internationaler Organisationen oder von zwischenstaatlichen Vereinbarungen, die

Sachbereiche dieses Gesetzes betreffen, erforderlich ist, insbesondere um Arbeitsschutzpflichten für andere als in § 2 Abs. 3 genannte Personen zu regeln.

Nichtamtliches Inhaltsverzeichnis

§ 20 Regelungen für den öffentlichen Dienst

(1) Für die Beamten der Länder, Gemeinden und sonstigen Körperschaften, Anstalten und Stiftungen des öffentlichen Rechts regelt das Landesrecht, ob und inwieweit die nach § 18 erlassenen Rechtsverordnungen gelten.

(2) Für bestimmte Tätigkeiten im öffentlichen Dienst des Bundes, insbesondere bei der Bundeswehr, der Polizei, den Zivil- und Katastrophenschutzdiensten, dem Zoll oder den Nachrichtendiensten, können das Bundeskanzleramt, das Bundesministerium des Innern, das Bundesministerium für Verkehr, Bau und Stadtentwicklung, das Bundesministerium der Verteidigung oder das Bundesministerium der Finanzen, soweit sie hierfür jeweils zuständig sind, durch Rechtsverordnung ohne Zustimmung des Bundesrates bestimmen, daß Vorschriften dieses Gesetzes ganz oder zum Teil nicht anzuwenden sind, soweit öffentliche Belange dies zwingend erfordern, insbesondere zur Aufrechterhaltung oder Wiederherstellung der öffentlichen Sicherheit. Rechtsverordnungen nach Satz 1 werden im Einvernehmen mit dem Bundesministerium für Arbeit und Soziales und, soweit nicht das Bundesministerium des Innern selbst ermächtigt ist, im Einvernehmen mit diesem Ministerium erlassen. In den Rechtsverordnungen ist gleichzeitig festzulegen, wie die Sicherheit und der Gesundheitsschutz bei der Arbeit unter Berücksichtigung der Ziele dieses Gesetzes auf andere Weise gewährleistet werden. Für Tätigkeiten im öffentlichen Dienst der Länder, Gemeinden und sonstigen

landesunmittelbaren Körperschaften, Anstalten und Stiftungen des öffentlichen Rechts können den Sätzen 1 und 3 entsprechende Regelungen durch Landesrecht getroffen werden.

Fünfter Abschnitt
Gemeinsame deutsche Arbeitsschutzstrategie

Nichtamtliches Inhaltsverzeichnis

§ 20a Gemeinsame deutsche Arbeitsschutzstrategie

(1) Nach den Bestimmungen dieses Abschnitts entwickeln Bund, Länder und Unfallversicherungsträger im Interesse eines wirksamen Arbeitsschutzes eine gemeinsame deutsche Arbeitsschutzstrategie und gewährleisten ihre Umsetzung und Fortschreibung. Mit der Wahrnehmung der ihnen gesetzlich zugewiesenen Aufgaben zur Verhütung von Arbeitsunfällen, Berufskrankheiten und arbeitsbedingten Gesundheitsgefahren sowie zur menschengerechten Gestaltung der Arbeit tragen Bund, Länder und Unfallversicherungsträger dazu bei, die Ziele der gemeinsamen deutschen Arbeitsschutzstrategie zu erreichen.

(2) Die gemeinsame deutsche Arbeitsschutzstrategie umfasst

1.

die Entwicklung gemeinsamer Arbeitsschutzziele,

2.

die Festlegung vorrangiger Handlungsfelder und von Eckpunkten für Arbeitsprogramme sowie deren Ausführung nach einheitlichen Grundsätzen,

3.

die Evaluierung der Arbeitsschutzziele, Handlungsfelder und

19

Arbeitsprogramme mit geeigneten Kennziffern,

4.

die Festlegung eines abgestimmten Vorgehens der für den

Arbeitsschutz zuständigen Landesbehörden und der

Unfallversicherungsträger bei der Beratung und Überwachung der

Betriebe,

5.

die Herstellung eines verständlichen, überschaubaren und

abgestimmten Vorschriften- und Regelwerks.

Nichtamtliches Inhaltsverzeichnis

§ 20b Nationale Arbeitsschutzkonferenz

(1) Die Aufgabe der Entwicklung, Steuerung und Fortschreibung der

gemeinsamen deutschen Arbeitsschutzstrategie nach § 20a Abs. 1 Satz 1

wird von der Nationalen Arbeitsschutzkonferenz wahrgenommen. Sie setzt

sich aus jeweils drei stimmberechtigten Vertretern von Bund, Ländern und

den Unfallversicherungsträgern zusammen und bestimmt für jede Gruppe

drei Stellvertreter. Außerdem entsenden die Spitzenorganisationen der

Arbeitgeber und Arbeitnehmer für die Behandlung von Angelegenheiten

nach § 20a Abs. 2 Nr. 1 bis 3 und 5 jeweils bis zu drei Vertreter in die

Nationale Arbeitsschutzkonferenz; sie nehmen mit beratender Stimme an

den Sitzungen teil. Die Nationale Arbeitsschutzkonferenz gibt sich eine

Geschäftsordnung; darin werden insbesondere die Arbeitsweise und das

Beschlussverfahren festgelegt. Die Geschäftsordnung muss einstimmig

angenommen werden.

(2) Alle Einrichtungen, die mit Sicherheit und Gesundheit bei der Arbeit

befasst sind, können der Nationalen Arbeitsschutzkonferenz Vorschläge für

Arbeitsschutzziele, Handlungsfelder und Arbeitsprogramme unterbreiten.

(3) Die Nationale Arbeitsschutzkonferenz wird durch ein Arbeitsschutzforum unterstützt, das in der Regel einmal jährlich stattfindet. Am Arbeitsschutzforum sollen sachverständige Vertreter der Spitzenorganisationen der Arbeitgeber und Arbeitnehmer, der Berufs- und Wirtschaftsverbände, der Wissenschaft, der Kranken- und Rentenversicherungsträger, von Einrichtungen im Bereich Sicherheit und Gesundheit bei der Arbeit sowie von Einrichtungen, die der Förderung der Beschäftigungsfähigkeit dienen, teilnehmen. Das Arbeitsschutzforum hat die Aufgabe, eine frühzeitige und aktive Teilhabe der sachverständigen Fachöffentlichkeit an der Entwicklung und Fortschreibung der gemeinsamen deutschen Arbeitsschutzstrategie sicherzustellen und die Nationale Arbeitsschutzkonferenz entsprechend zu beraten.

(4) Einzelheiten zum Verfahren der Einreichung von Vorschlägen nach Absatz 2 und zur Durchführung des Arbeitsschutzforums nach Absatz 3 werden in der Geschäftsordnung der Nationalen Arbeitsschutzkonferenz geregelt.

(5) Die Geschäfte der Nationalen Arbeitsschutzkonferenz und des Arbeitsschutzforums führt die Bundesanstalt für Arbeitsschutz und Arbeitsmedizin. Einzelheiten zu Arbeitsweise und Verfahren werden in der Geschäftsordnung der Nationalen Arbeitsschutzkonferenz festgelegt.

Sechster Abschnitt

Schlußvorschriften

Nichtamtliches Inhaltsverzeichnis

§ 21 Zuständige Behörden, Zusammenwirken mit den Trägern der

gesetzlichen Unfallversicherung

(1) Die Überwachung des Arbeitsschutzes nach diesem Gesetz ist staatliche Aufgabe. Die zuständigen Behörden haben die Einhaltung dieses Gesetzes und der auf Grund dieses Gesetzes erlassenen Rechtsverordnungen zu überwachen und die Arbeitgeber bei der Erfüllung ihrer Pflichten zu beraten.

(2) Die Aufgaben und Befugnisse der Träger der gesetzlichen Unfallversicherung richten sich, soweit nichts anderes bestimmt ist, nach den Vorschriften des Sozialgesetzbuchs. Soweit die Träger der gesetzlichen Unfallversicherung nach dem Sozialgesetzbuch im Rahmen ihres Präventionsauftrags auch Aufgaben zur Gewährleistung von Sicherheit und Gesundheitsschutz der Beschäftigten wahrnehmen, werden sie ausschließlich im Rahmen ihrer autonomen Befugnisse tätig.

(3) Die zuständigen Landesbehörden und die Unfallversicherungsträger wirken auf der Grundlage einer gemeinsamen Beratungs- und Überwachungsstrategie nach § 20a Abs. 2 Nr. 4 eng zusammen und stellen den Erfahrungsaustausch sicher. Diese Strategie umfasst die Abstimmung allgemeiner Grundsätze zur methodischen Vorgehensweise bei

1.

der Beratung und Überwachung der Betriebe,

2.

der Festlegung inhaltlicher Beratungs- und Überwachungsschwerpunkte, aufeinander abgestimmter oder gemeinsamer Schwerpunktaktionen und Arbeitsprogramme und

3.

der Förderung eines Daten- und sonstigen Informationsaustausches, insbesondere über Betriebsbesichtigungen und deren wesentliche

Ergebnisse.

Die zuständigen Landesbehörden vereinbaren mit den Unfallversicherungsträgern nach § 20 Abs. 2 Satz 3 des Siebten Buches Sozialgesetzbuch die Maßnahmen, die zur Umsetzung der gemeinsamen Arbeitsprogramme nach § 20a Abs. 2 Nr. 2 und der gemeinsamen Beratungs- und Überwachungsstrategie notwendig sind; sie evaluieren deren Zielerreichung mit den von der Nationalen Arbeitsschutzkonferenz nach § 20a Abs. 2 Nr. 3 bestimmten Kennziffern.

(4) Die für den Arbeitsschutz zuständige oberste Landesbehörde kann mit Trägern der gesetzlichen Unfallversicherung vereinbaren, daß diese in näher zu bestimmenden Tätigkeitsbereichen die Einhaltung dieses Gesetzes, bestimmter Vorschriften dieses Gesetzes oder der auf Grund dieses Gesetzes erlassenen Rechtsverordnungen überwachen. In der Vereinbarung sind Art und Umfang der Überwachung sowie die Zusammenarbeit mit den staatlichen Arbeitsschutzbehörden festzulegen.

(5) Soweit nachfolgend nichts anderes bestimmt ist, ist zuständige Behörde für die Durchführung dieses Gesetzes und der auf dieses Gesetz gestützten Rechtsverordnungen in den Betrieben und Verwaltungen des Bundes die Zentralstelle für Arbeitsschutz beim Bundesministerium des Innern. Im Auftrag der Zentralstelle handelt, soweit nichts anderes bestimmt ist, die Unfallversicherung Bund und Bahn, die insoweit der Aufsicht des Bundesministeriums des Innern unterliegt; Aufwendungen werden nicht erstattet. Im öffentlichen Dienst im Geschäftsbereich des Bundesministeriums für Verkehr, Bau und Stadtentwicklung führt die Unfallversicherung Bund und Bahn, soweit die Eisenbahn-Unfallkasse bis zum 31. Dezember 2014 Träger der Unfallversicherung war, dieses Gesetz durch. Für Betriebe und Verwaltungen in den Geschäftsbereichen des Bundesministeriums der Verteidigung und des Auswärtigen Amtes

hinsichtlich seiner Auslandsvertretungen führt das jeweilige Bundesministerium, soweit es jeweils zuständig ist, oder die von ihm jeweils bestimmte Stelle dieses Gesetz durch. Im Geschäftsbereich des Bundesministeriums der Finanzen führt die Unfallkasse Post und Telekom dieses Gesetz durch, soweit der Geschäftsbereich des ehemaligen Bundesministeriums für Post und Telekommunikation betroffen ist. Die Sätze 1 bis 4 gelten auch für Betriebe und Verwaltungen, die zur Bundesverwaltung gehören, für die aber eine Berufsgenossenschaft Träger der Unfallversicherung ist. Die zuständigen Bundesministerien können mit den Berufsgenossenschaften für diese Betriebe und Verwaltungen vereinbaren, daß das Gesetz von den Berufsgenossenschaften durchgeführt wird; Aufwendungen werden nicht erstattet.

Nichtamtliches Inhaltsverzeichnis

§ 22 Befugnisse der zuständigen Behörden

(1) Die zuständige Behörde kann vom Arbeitgeber oder von den verantwortlichen Personen die zur Durchführung ihrer Überwachungsaufgabe erforderlichen Auskünfte und die Überlassung von entsprechenden Unterlagen verlangen. Die auskunftspflichtige Person kann die Auskunft auf solche Fragen oder die Vorlage derjenigen Unterlagen verweigern, deren Beantwortung oder Vorlage sie selbst oder einen ihrer in § 383 Abs. 1 Nr. 1 bis 3 der Zivilprozeßordnung bezeichneten Angehörigen der Gefahr der Verfolgung wegen einer Straftat oder Ordnungswidrigkeit aussetzen würde. Die auskunftspflichtige Person ist darauf hinzuweisen.

(2) Die mit der Überwachung beauftragten Personen sind befugt, zu den Betriebs- und Arbeitszeiten Betriebsstätten, Geschäfts- und Betriebsräume zu betreten, zu besichtigen und zu prüfen sowie in die geschäftlichen

Unterlagen der auskunftspflichtigen Person Einsicht zu nehmen, soweit dies zur Erfüllung ihrer Aufgaben erforderlich ist. Außerdem sind sie befugt, Betriebsanlagen, Arbeitsmittel und persönliche Schutzausrüstungen zu prüfen, Arbeitsverfahren und Arbeitsabläufe zu untersuchen, Messungen vorzunehmen und insbesondere arbeitsbedingte Gesundheitsgefahren festzustellen und zu untersuchen, auf welche Ursachen ein Arbeitsunfall, eine arbeitsbedingte Erkrankung oder ein Schadensfall zurückzuführen ist. Sie sind berechtigt, die Begleitung durch den Arbeitgeber oder eine von ihm beauftragte Person zu verlangen. Der Arbeitgeber oder die verantwortlichen Personen haben die mit der Überwachung beauftragten Personen bei der Wahrnehmung ihrer Befugnisse nach den Sätzen 1 und 2 zu unterstützen. Außerhalb der in Satz 1 genannten Zeiten, oder wenn die Arbeitsstätte sich in einer Wohnung befindet, dürfen die mit der Überwachung beauftragten Personen ohne Einverständnis des Arbeitgebers die Maßnahmen nach den Sätzen 1 und 2 nur zur Verhütung dringender Gefahren für die öffentliche Sicherheit oder Ordnung treffen. Die auskunftspflichtige Person hat die Maßnahmen nach den Sätzen 1, 2 und 5 zu dulden. Die Sätze 1 und 5 gelten entsprechend, wenn nicht feststeht, ob in der Arbeitsstätte Personen beschäftigt werden, jedoch Tatsachen gegeben sind, die diese Annahme rechtfertigen. Das Grundrecht der Unverletzlichkeit der Wohnung (Artikel 13 des Grundgesetzes) wird insoweit eingeschränkt.

(3) Die zuständige Behörde kann im Einzelfall anordnen,

1.

welche Maßnahmen der Arbeitgeber und die verantwortlichen Personen oder die Beschäftigten zur Erfüllung der Pflichten zu treffen haben, die sich aus diesem Gesetz und den auf Grund dieses Gesetzes erlassenen Rechtsverordnungen ergeben,

2.

welche Maßnahmen der Arbeitgeber und die verantwortlichen Personen zur Abwendung einer besonderen Gefahr für Leben und Gesundheit der Beschäftigten zu treffen haben.

Die zuständige Behörde hat, wenn nicht Gefahr im Verzug ist, zur Ausführung der Anordnung eine angemessene Frist zu setzen. Wird eine Anordnung nach Satz 1 nicht innerhalb einer gesetzten Frist oder eine für sofort vollziehbar erklärte Anordnung nicht sofort ausgeführt, kann die zuständige Behörde die von der Anordnung betroffene Arbeit oder die Verwendung oder den Betrieb der von der Anordnung betroffenen Arbeitsmittel untersagen. Maßnahmen der zuständigen Behörde im Bereich des öffentlichen Dienstes, die den Dienstbetrieb wesentlich beeinträchtigen, sollen im Einvernehmen mit der obersten Bundes- oder Landesbehörde oder dem Hauptverwaltungsbeamten der Gemeinde getroffen werden.

Nichtamtliches Inhaltsverzeichnis

§ 23 Betriebliche Daten, Zusammenarbeit mit anderen Behörden, Jahresbericht

(1) Der Arbeitgeber hat der zuständigen Behörde zu einem von ihr bestimmten Zeitpunkt Mitteilungen über

1.

die Zahl der Beschäftigten und derer, an die er Heimarbeit vergibt, aufgegliedert nach Geschlecht, Alter und Staatsangehörigkeit,

2.

den Namen oder die Bezeichnung und Anschrift des Betriebs, in dem er sie beschäftigt,

3.

seinen Namen, seine Firma und seine Anschrift sowie

4.

den Wirtschaftszweig, dem sein Betrieb angehört,

zu machen. Das Bundesministerium für Arbeit und Soziales wird ermächtigt, durch Rechtsverordnung mit Zustimmung des Bundesrates zu bestimmen, daß die Stellen der Bundesverwaltung, denen der Arbeitgeber die in Satz 1 genannten Mitteilungen bereits auf Grund einer Rechtsvorschrift mitgeteilt hat, diese Angaben an die für die Behörden nach Satz 1 zuständigen obersten Landesbehörden als Schreiben oder auf maschinell verwertbaren Datenträgern oder durch Datenübertragung weiterzuleiten haben. In der Rechtsverordnung können das Nähere über die Form der weiterzuleitenden Angaben sowie die Frist für die Weiterleitung bestimmt werden. Die weitergeleiteten Angaben dürfen nur zur Erfüllung der in der Zuständigkeit der Behörden nach § 21 Abs. 1 liegenden Arbeitsschutzaufgaben verwendet sowie in Datenverarbeitungssystemen gespeichert oder verarbeitet werden.

(2) Die mit der Überwachung beauftragten Personen dürfen die ihnen bei ihrer Überwachungstätigkeit zur Kenntnis gelangenden Geschäfts- und Betriebsgeheimnisse nur in den gesetzlich geregelten Fällen oder zur Verfolgung von Gesetzwidrigkeiten oder zur Erfüllung von gesetzlich geregelten Aufgaben zum Schutz der Versicherten dem Träger der gesetzlichen Unfallversicherung oder zum Schutz der Umwelt den dafür zuständigen Behörden offenbaren. Soweit es sich bei Geschäfts- und Betriebsgeheimnissen um Informationen über die Umwelt im Sinne des Umweltinformationsgesetzes handelt, richtet sich die Befugnis zu ihrer Offenbarung nach dem Umweltinformationsgesetz.

(3) Ergeben sich im Einzelfall für die zuständigen Behörden konkrete Anhaltspunkte für

1.

eine Beschäftigung oder Tätigkeit von Ausländern ohne den erforderlichen Aufenthaltstitel nach § 4 Abs. 3 des Aufenthaltsgesetzes, eine Aufenthaltsgestattung oder eine Duldung, die zur Ausübung der Beschäftigung berechtigen, oder eine Genehmigung nach § 284 Abs. 1 des Dritten Buches Sozialgesetzbuch,

2.

Verstöße gegen die Mitwirkungspflicht nach § 60 Abs. 1 Satz 1 Nr. 2 des Ersten Buches Sozialgesetzbuch gegenüber einer Dienststelle der Bundesagentur für Arbeit, einem Träger der gesetzlichen Kranken-, Pflege-, Unfall- oder Rentenversicherung oder einem Träger der Sozialhilfe oder gegen die Meldepflicht nach § 8a des Asylbewerberleistungsgesetzes,

3.

Verstöße gegen das Gesetz zur Bekämpfung der Schwarzarbeit,

4.

Verstöße gegen das Arbeitnehmerüberlassungsgesetz,

5.

Verstöße gegen die Vorschriften des Vierten und Siebten Buches Sozialgesetzbuch über die Verpflichtung zur Zahlung von Sozialversicherungsbeiträgen,

6.

Verstöße gegen das Aufenthaltsgesetz,

7.

Verstöße gegen die Steuergesetze,
unterrichten sie die für die Verfolgung und Ahndung der Verstöße nach den Nummern 1 bis 7 zuständigen Behörden, die Träger der Sozialhilfe sowie die Behörden nach § 71 des Aufenthaltsgesetzes. In den Fällen des Satzes 1

arbeiten die zuständigen Behörden insbesondere mit den Agenturen für Arbeit, den Hauptzollämtern, den Rentenversicherungsträgern, den Krankenkassen als Einzugsstellen für die Sozialversicherungsbeiträge, den Trägern der gesetzlichen Unfallversicherung, den nach Landesrecht für die Verfolgung und Ahndung von Verstößen gegen das Gesetz zur Bekämpfung der Schwarzarbeit zuständigen Behörden, den Trägern der Sozialhilfe, den in § 71 des Aufenthaltsgesetzes genannten Behörden und den Finanzbehörden zusammen.

(4) Die zuständigen obersten Landesbehörden haben über die Überwachungstätigkeit der ihnen unterstellten Behörden einen Jahresbericht zu veröffentlichen. Der Jahresbericht umfaßt auch Angaben zur Erfüllung von Unterrichtungspflichten aus internationalen Übereinkommen oder Rechtsakten der Europäischen Gemeinschaften, soweit sie den Arbeitsschutz betreffen.

Nichtamtliches Inhaltsverzeichnis

§ 24 Ermächtigung zum Erlaß von allgemeinen Verwaltungsvorschriften

Das Bundesministerium für Arbeit und Soziales kann mit Zustimmung des Bundesrates allgemeine Verwaltungsvorschriften erlassen

1.

zur Durchführung dieses Gesetzes und der auf Grund dieses Gesetzes erlassenen Rechtsverordnungen, soweit die Bundesregierung zu ihrem Erlaß ermächtigt ist,

2.

über die Gestaltung der Jahresberichte nach § 23 Abs. 4 und

3.

über die Angaben, die die zuständigen obersten Landesbehörden dem

Bundesministerium für Arbeit und Soziales für den Unfallverhütungsbericht nach § 25 Abs. 2 des Siebten Buches Sozialgesetzbuch bis zu einem bestimmten Zeitpunkt mitzuteilen haben.

Verwaltungsvorschriften, die Bereiche des öffentlichen Dienstes einbeziehen, werden im Einvernehmen mit dem Bundesministerium des Innern erlassen.

<u>Nichtamtliches Inhaltsverzeichnis</u>

§ 25 Bußgeldvorschriften

(1) Ordnungswidrig handelt, wer vorsätzlich oder fahrlässig

1.

   einer Rechtsverordnung nach § 18 Abs. 1 oder § 19 zuwiderhandelt, soweit sie für einen bestimmten Tatbestand auf diese Bußgeldvorschrift verweist, oder

2.

   a)

      als Arbeitgeber oder als verantwortliche Person einer vollziehbaren Anordnung nach § 22 Abs. 3 oder

   b)

      als Beschäftigter einer vollziehbaren Anordnung nach § 22 Abs. 3 Satz 1 Nr. 1

   zuwiderhandelt.

(2) Die Ordnungswidrigkeit kann in den Fällen des Absatzes 1 Nr. 1 und 2 Buchstabe b mit einer Geldbuße bis zu fünftausend Euro, in den Fällen des Absatzes 1 Nr. 2 Buchstabe a mit einer Geldbuße bis zu fünfundzwanzigtausend Euro geahndet werden.

§ 26 Strafvorschriften

Mit Freiheitsstrafe bis zu einem Jahr oder mit Geldstrafe wird bestraft, wer

1.

eine in § 25 Abs. 1 Nr. 2 Buchstabe a bezeichnete Handlung beharrlich wiederholt oder

2.

durch eine in § 25 Abs. 1 Nr. 1 oder Nr. 2 Buchstabe a bezeichnete vorsätzliche Handlung Leben oder Gesundheit eines Beschäftigten gefährdet.

Verordnung über Arbeitsstätten

Arbeitsstättenverordnung – ArbStättV

ArbStättV

Ausfertigungsdatum: 12.08.2004

"Arbeitsstättenverordnung vom 12. August 2004 (BGBl. I S. 2179), die zuletzt durch Artikel 4 der Verordnung vom 19. Juli 2010 (BGBl. I S. 960) geändert worden ist"

Diese Verordnung dient der Umsetzung

1.

   der EG-Richtlinie 89/654/EWG des Rates vom 30. November 1989
   über Mindestvorschriften für Sicherheit und Gesundheitsschutz in
   Arbeitsstätten (Erste Einzelrichtlinie im Sinne des Artikels 16 Absatz 1
   der Richtlinie 89/391/EWG) (ABl. EG Nr. L 393 S. 1) und

2.

   der Richtlinie 92/58/EWG des Rates vom 24. Juni 1992 über
   Mindestvorschriften für die Sicherheits- und/oder
   Gesundheitsschutzkennzeichnung am Arbeitsplatz (Neunte
   Einzelrichtlinie im Sinne des Artikels 16 Absatz 1 der Richtlinie
   89/391/EWG) (ABl. EG Nr. L 245 S. 23) und

3.

   des Anhangs IV (Mindestvorschriften für Sicherheit und
   Gesundheitsschutz auf Baustellen) der Richtlinie 92/57/EWG des Rates
   vom 24. Juni 1992 über die auf zeitlich begrenzte oder
   ortsveränderliche Baustellen anzuwendenden Mindestvorschriften für
   die Sicherheit und den Gesundheitsschutz (Achte Einzelrichtlinie im
   Sinne des Artikels 16 Absatz 1 der Richtlinie 89/391/EWG) (ABl. EG Nr.
   L 245 S. 6).

§ 1 Ziel, Anwendungsbereich

(1) Diese Verordnung dient der Sicherheit und dem Gesundheitsschutz der
Beschäftigten beim Einrichten und Betreiben von Arbeitsstätten.

(2) Diese Verordnung gilt nicht für Arbeitsstätten in Betrieben, die dem

Bundesberggesetz unterliegen, und mit Ausnahme von § 5 sowie Anhang Ziffer 1.3 nicht

1.

im Reisegewerbe und Marktverkehr,

2.

in Transportmitteln, sofern diese im öffentlichen Verkehr eingesetzt werden,

3.

für Felder, Wälder und sonstige Flächen, die zu einem land- oder forstwirtschaftlichen Betrieb gehören, aber außerhalb seiner bebauten Fläche liegen.

(3) Das Bundeskanzleramt, das Bundesministerium des Innern, das Bundesministerium für Verkehr, Bau und Stadtentwicklung, das Bundesministerium der Verteidigung oder das Bundesministerium der Finanzen können, soweit sie hierfür jeweils zuständig sind, im Einvernehmen mit dem Bundesministerium für Arbeit und Soziales und, soweit nicht das Bundesministerium des Innern selbst zuständig ist, im Einvernehmen mit dem Bundesministerium des Innern Ausnahmen von den Vorschriften dieser Verordnung zulassen, soweit öffentliche Belange dies zwingend erfordern, insbesondere zur Aufrechterhaltung oder Wiederherstellung der öffentlichen Sicherheit. In diesem Fall ist gleichzeitig festzulegen, wie die Sicherheit und der Gesundheitsschutz der Beschäftigten nach dieser Verordnung auf andere Weise gewährleistet werden.

Nichtamtliches Inhaltsverzeichnis

§ 2 Begriffsbestimmungen

(1) Arbeitsstätten sind:

1.

Orte in Gebäuden oder im Freien, die sich auf dem Gelände eines Betriebes oder einer Baustelle befinden und die zur Nutzung für Arbeitsplätze vorgesehen sind,

2.

andere Orte in Gebäuden oder im Freien, die sich auf dem Gelände eines Betriebes oder einer Baustelle befinden und zu denen Beschäftigte im Rahmen ihrer Arbeit Zugang haben.

(2) Arbeitsplätze sind Bereiche von Arbeitsstätten, in denen sich Beschäftigte bei der von ihnen auszuübenden Tätigkeit regelmäßig über einen längeren Zeitraum oder im Verlauf der täglichen Arbeitszeit nicht nur kurzfristig aufhalten müssen.

(3) Arbeitsräume sind die Räume, in denen Arbeitsplätze innerhalb von Gebäuden dauerhaft eingerichtet sind.

(4) Zur Arbeitsstätte gehören auch:

1.

Verkehrswege, Fluchtwege, Notausgänge,

2.

Lager-, Maschinen- und Nebenräume,

3.

Sanitärräume (Umkleide-, Wasch- und Toilettenräume),

4.

Pausen- und Bereitschaftsräume,

5.

Erste-Hilfe-Räume,

6.

Unterkünfte.

Zur Arbeitsstätte gehören auch Einrichtungen, soweit für diese in dieser
Verordnung besondere Anforderungen gestellt werden und sie dem Betrieb
der Arbeitsstätte dienen.

(5) Einrichten ist die Bereitstellung und Ausgestaltung der Arbeitsstätte. Das
Einrichten umfasst insbesondere:

1.

baulische Maßnahmen oder Veränderungen,

2.

Ausstatten mit Maschinen, Anlagen, Mobiliar, anderen Arbeitsmitteln
sowie Beleuchtungs-, Lüftungs-, Heizungs-, Feuerlösch- und
Versorgungseinrichtungen,

3.

Anlegen und Kennzeichnen von Verkehrs- und Fluchtwegen,
Kennzeichnen von Gefahrenstellen und brandschutztechnischen
Ausrüstungen,

4.

Festlegen von Arbeitsplätzen.

(6) Betreiben von Arbeitsstätten umfasst das Benutzen und Instandhalten
der Arbeitsstätte.

Nichtamtliches Inhaltsverzeichnis

§ 3 Gefährdungsbeurteilung

(1) Bei der Beurteilung der Arbeitsbedingungen nach § 5 des
Arbeitsschutzgesetzes hat der Arbeitgeber zunächst festzustellen, ob die
Beschäftigten Gefährdungen beim Einrichten und Betreiben von

Arbeitsstätten ausgesetzt sind oder ausgesetzt sein können. Ist dies der Fall, hat er alle möglichen Gefährdungen der Gesundheit und Sicherheit der Beschäftigten zu beurteilen. Entsprechend dem Ergebnis der Gefährdungsbeurteilung hat der Arbeitgeber Schutzmaßnahmen gemäß den Vorschriften dieser Verordnung einschließlich ihres Anhangs nach dem Stand der Technik, Arbeitsmedizin und Hygiene festzulegen. Sonstige gesicherte arbeitswissenschaftliche Erkenntnisse sind zu berücksichtigen.

(2) Der Arbeitgeber hat sicherzustellen, dass die Gefährdungsbeurteilung fachkundig durchgeführt wird. Verfügt der Arbeitgeber nicht selbst über die entsprechenden Kenntnisse, hat er sich fachkundig beraten zu lassen.

(3) Der Arbeitgeber hat die Gefährdungsbeurteilung unabhängig von der Zahl der Beschäftigten vor Aufnahme der Tätigkeiten zu dokumentieren. In der Dokumentation ist anzugeben, welche Gefährdungen am Arbeitsplatz auftreten können und welche Maßnahmen nach Absatz 1 Satz 3 durchgeführt werden müssen.

Nichtamtliches Inhaltsverzeichnis

§ 3a Einrichten und Betreiben von Arbeitsstätten

(1) Der Arbeitgeber hat dafür zu sorgen, dass Arbeitsstätten so eingerichtet und betrieben werden, dass von ihnen keine Gefährdungen für die Sicherheit und die Gesundheit der Beschäftigten ausgehen. Dabei hat er den Stand der Technik und insbesondere die vom Bundesministerium für Arbeit und Soziales nach § 7 Abs. 4 bekannt gemachten Regeln und Erkenntnisse zu berücksichtigen. Bei Einhaltung der im Satz 2 genannten Regeln und Erkenntnisse ist davon auszugehen, dass die in der Verordnung gestellten Anforderungen diesbezüglich erfüllt sind. Wendet der Arbeitgeber die Regeln und Erkenntnisse nicht an, muss er durch andere Maßnahmen

die gleiche Sicherheit und den gleichen Gesundheitsschutz der Beschäftigten erreichen.

(2) Beschäftigt der Arbeitgeber Menschen mit Behinderungen, hat er Arbeitsstätten so einzurichten und zu betreiben, dass die besonderen Belange dieser Beschäftigten im Hinblick auf Sicherheit und Gesundheitsschutz berücksichtigt werden. Dies gilt insbesondere für die barrierefreie Gestaltung von Arbeitsplätzen sowie von zugehörigen Türen, Verkehrswegen, Fluchtwegen, Notausgängen, Treppen, Orientierungssystemen, Waschgelegenheiten und Toilettenräumen.

(3) Die zuständige Behörde kann auf schriftlichen Antrag des Arbeitgebers Ausnahmen von den Vorschriften dieser Verordnung einschließlich ihres Anhanges zulassen, wenn

1.

der Arbeitgeber andere, ebenso wirksame Maßnahmen trifft oder

2.

die Durchführung der Vorschrift im Einzelfall zu einer unverhältnismäßigen Härte führen würde und die Abweichung mit dem Schutz der Beschäftigten vereinbar ist.

Bei der Beurteilung sind die Belange der kleineren Betriebe besonders zu berücksichtigen.

(4) Soweit in anderen Rechtsvorschriften, insbesondere dem Bauordnungsrecht der Länder, Anforderungen gestellt werden, bleiben diese Vorschriften unberührt.

Nichtamtliches Inhaltsverzeichnis

§ 4 Besondere Anforderungen an das Betreiben von Arbeitsstätten

(1) Der Arbeitgeber hat die Arbeitsstätte instand zu halten und dafür zu

sorgen, dass festgestellte Mängel unverzüglich beseitigt werden. Können Mängel, mit denen eine unmittelbare erhebliche Gefahr verbunden ist, nicht sofort beseitigt werden, ist die Arbeit insoweit einzustellen.

(2) Der Arbeitgeber hat dafür zu sorgen, dass Arbeitsstätten den hygienischen Erfordernissen entsprechend gereinigt werden. Verunreinigungen und Ablagerungen, die zu Gefährdungen führen können, sind unverzüglich zu beseitigen.

(3) Der Arbeitgeber hat Sicherheitseinrichtungen zur Verhütung oder Beseitigung von Gefahren, insbesondere Sicherheitsbeleuchtungen, Feuerlöscheinrichtungen, Signalanlagen, Notaggregate und Notschalter sowie raumlufttechnische Anlagen, in regelmäßigen Abständen sachgerecht warten und auf ihre Funktionsfähigkeit prüfen zu lassen.

(4) Verkehrswege, Fluchtwege und Notausgänge müssen ständig freigehalten werden, damit sie jederzeit benutzt werden können. Der Arbeitgeber hat Vorkehrungen zu treffen, dass die Beschäftigten bei Gefahr sich unverzüglich in Sicherheit bringen und schnell gerettet werden können. Der Arbeitgeber hat einen Flucht- und Rettungsplan aufzustellen, wenn Lage, Ausdehnung und Art der Benutzung der Arbeitsstätte dies erfordern. Der Plan ist an geeigneten Stellen in der Arbeitsstätte auszulegen oder auszuhängen. In angemessenen Zeitabständen ist entsprechend dieses Planes zu üben.

(5) Der Arbeitgeber hat Mittel und Einrichtungen zur ersten Hilfe zur Verfügung zu stellen und diese regelmäßig auf ihre Vollständigkeit und Verwendungsfähigkeit prüfen zu lassen.

Nichtamtliches Inhaltsverzeichnis

§ 5 Nichtraucherschutz

(1) Der Arbeitgeber hat die erforderlichen Maßnahmen zu treffen, damit die nicht rauchenden Beschäftigten in Arbeitsstätten wirksam vor den Gesundheitsgefahren durch Tabakrauch geschützt sind. Soweit erforderlich, hat der Arbeitgeber ein allgemeines oder auf einzelne Bereiche der Arbeitsstätte beschränktes Rauchverbot zu erlassen.

(2) In Arbeitsstätten mit Publikumsverkehr hat der Arbeitgeber Schutzmaßnahmen nach Absatz 1 nur insoweit zu treffen, als die Natur des Betriebes und die Art der Beschäftigung es zulassen.

Nichtamtliches Inhaltsverzeichnis

§ 6 Arbeitsräume, Sanitärräume, Pausen- und Bereitschaftsräume, Erste-Hilfe-Räume, Unterkünfte

(1) Der Arbeitgeber hat solche Arbeitsräume bereitzustellen, die eine ausreichende Grundfläche und Höhe sowie einen ausreichenden Luftraum aufweisen.

(2) Der Arbeitgeber hat Toilettenräume bereitzustellen. Wenn es die Art der Tätigkeit oder gesundheitliche Gründe erfordern, sind Waschräume vorzusehen. Geeignete Umkleideräume sind zur Verfügung zu stellen, wenn die Beschäftigten bei ihrer Tätigkeit besondere Arbeitskleidung tragen müssen und es ihnen nicht zuzumuten ist, sich in einem anderen Raum umzukleiden. Umkleide-, Wasch- und Toilettenräume sind für Männer und Frauen getrennt einzurichten oder es ist eine getrennte Nutzung zu ermöglichen. Bei Arbeiten im Freien und auf Baustellen mit wenigen Beschäftigten sind Waschgelegenheiten und abschließbare Toiletten ausreichend.

(3) Bei mehr als zehn Beschäftigten, oder wenn Sicherheits- oder

Gesundheitsgründe dies erfordern, ist den Beschäftigten ein Pausenraum oder ein entsprechender Pausenbereich zur Verfügung zu stellen. Dies gilt nicht, wenn die Beschäftigten in Büroräumen oder vergleichbaren Arbeitsräumen beschäftigt sind und dort gleichwertige Voraussetzungen für eine Erholung während der Pause gegeben sind. Fallen in die Arbeitszeit regelmäßig und häufig Arbeitsbereitschaftszeiten oder Arbeitsunterbrechungen und sind keine Pausenräume vorhanden, so sind für die Beschäftigten Räume für Bereitschaftszeiten einzurichten. Schwangere Frauen und stillende Mütter müssen sich während der Pausen und, soweit es erforderlich ist, auch während der Arbeitszeit unter geeigneten Bedingungen hinlegen und ausruhen können.

(4) Erste-Hilfe-Räume oder vergleichbare Einrichtungen müssen entsprechend der Unfallgefahren oder der Anzahl der Beschäftigten, der Art der ausgeübten Tätigkeiten sowie der räumlichen Größe der Betriebe vorhanden sein.

(5) Für Beschäftigte hat der Arbeitgeber Unterkünfte bereitzustellen, wenn Sicherheits- oder Gesundheitsgründe, insbesondere wegen der Art der ausgeübten Tätigkeit oder der Anzahl der im Betrieb beschäftigten Personen, und die Abgelegenheit des Arbeitsplatzes dies erfordern und ein anderweitiger Ausgleich vom Arbeitgeber nicht geschaffen ist.

(6) Für Sanitärräume, Pausen- und Bereitschaftsräume, Erste-Hilfe-Räume und Unterkünfte nach den Absätzen 2 bis 5 gilt Absatz 1 entsprechend.

Nichtamtliches Inhaltsverzeichnis

§ 7 Ausschuss für Arbeitsstätten

(1) Beim Bundesministerium für Arbeit und Soziales wird ein Ausschuss für Arbeitsstätten gebildet, in dem fachkundige Vertreter der Arbeitgeber, der

Gewerkschaften, der Länderbehörden, der gesetzlichen Unfallversicherung und weitere fachkundige Personen, insbesondere der Wissenschaft, in angemessener Zahl vertreten sein sollen. Die Gesamtzahl der Mitglieder soll 16 Personen nicht überschreiten. Für jedes Mitglied ist ein stellvertretendes Mitglied zu benennen. Die Mitgliedschaft im Ausschuss für Arbeitsstätten ist ehrenamtlich.

(2) Das Bundesministerium für Arbeit und Soziales beruft die Mitglieder des Ausschusses und die stellvertretenden Mitglieder. Der Ausschuss gibt sich eine Geschäftsordnung und wählt den Vorsitzenden aus seiner Mitte. Die Geschäftsordnung und die Wahl des Vorsitzenden bedürfen der Zustimmung des Bundesministeriums für Arbeit und Soziales.

(3) Zu den Aufgaben des Ausschusses gehört es,

1.

dem Stand der Technik, Arbeitsmedizin und Arbeitshygiene entsprechende Regeln und sonstige gesicherte wissenschaftliche Erkenntnisse für die Sicherheit und Gesundheit der Beschäftigten in Arbeitsstätten zu ermitteln,

2.

Regeln zu ermitteln, wie die in dieser Verordnung gestellten Anforderungen erfüllt werden können, und

3.

das Bundesministerium für Arbeit und Soziales in Fragen der Sicherheit und des Gesundheitsschutzes in Arbeitsstätten zu beraten.

Bei der Wahrnehmung seiner Aufgaben soll der Ausschuss die allgemeinen Grundsätze des Arbeitsschutzes nach § 4 des Arbeitsschutzgesetzes berücksichtigen. Das Arbeitsprogramm des Ausschusses für Arbeitsstätten wird mit dem Bundesministerium für Arbeit und Soziales abgestimmt. Der

Ausschuss arbeitet eng mit den anderen Ausschüssen beim Bundesministerium für Arbeit und Soziales zusammen.

(4) Das Bundesministerium für Arbeit und Soziales kann die vom Ausschuss nach Absatz 3 ermittelten Regeln und Erkenntnisse im Gemeinsamen Ministerialblatt bekannt machen.

(5) Die Bundesministerien sowie die zuständigen obersten Landesbehörden können zu den Sitzungen des Ausschusses Vertreter entsenden. Diesen ist auf Verlangen in der Sitzung das Wort zu erteilen.

(6) Die Geschäfte des Ausschusses führt die Bundesanstalt für Arbeitsschutz und Arbeitsmedizin.

Nichtamtliches Inhaltsverzeichnis

§ 8 Übergangsvorschriften

(1) Soweit für Arbeitsstätten,

1.

die am 1. Mai 1976 errichtet waren oder mit deren Einrichtung vor diesem Zeitpunkt begonnen worden war oder

2.

die am 20. Dezember 1996 eingerichtet waren oder mit deren Einrichtung vor diesem Zeitpunkt begonnen worden war und für die zum Zeitpunkt der Einrichtung die Gewerbeordnung keine Anwendung fand,

in dieser Verordnung Anforderungen gestellt werden, die umfangreiche Änderungen der Arbeitsstätte, der Betriebseinrichtungen, Arbeitsverfahren oder Arbeitsabläufe notwendig machen, gelten hierfür nur die entsprechenden Anforderungen des Anhangs II der Richtlinie 89/654/EWG des Rates vom 30. November 1989 über Mindestvorschriften für Sicherheit und Gesundheitsschutz in Arbeitsstätten (ABI. EG Nr. L 393 S. 1). Soweit diese Arbeitsstätten oder ihre Betriebseinrichtungen wesentlich erweitert oder umgebaut oder die Arbeitsverfahren oder Arbeitsabläufe wesentlich umgestaltet werden, hat der Arbeitgeber die erforderlichen Maßnahmen zu treffen, damit diese Änderungen, Erweiterungen oder Umgestaltungen mit den Anforderungen dieser Verordnung übereinstimmen.

(2) Die im Bundesarbeitsblatt bekannt gemachten Arbeitsstättenrichtlinien gelten bis zur Überarbeitung durch den Ausschuss für Arbeitsstätten und der Bekanntmachung entsprechender Regeln durch das Bundesministerium für Arbeit und Soziales, längstens jedoch bis zum 31. Dezember 2012, fort.

Nichtamtliches Inhaltsverzeichnis

§ 9 Straftaten und Ordnungswidrigkeiten

(1) Ordnungswidrig im Sinne des § 25 Absatz 1 Nummer 1 des Arbeitsschutzgesetzes handelt, wer vorsätzlich oder fahrlässig

1.

  entgegen § 3 Absatz 3 eine Gefährdungsbeurteilung nicht richtig, nicht vollständig oder nicht rechtzeitig dokumentiert,

2.

  entgegen § 3a Absatz 1 Satz 1 nicht dafür sorgt, dass eine Arbeitsstätte in der dort vorgeschriebenen Weise eingerichtet ist oder betrieben wird,

3.

  entgegen § 4 Absatz 1 Satz 2 die Arbeit nicht einstellt,

4.

  entgegen § 4 Absatz 3 eine dort genannte Sicherheitseinrichtung nicht oder nicht in der vorgeschriebenen Weise warten oder prüfen lässt,

5.

43

entgegen § 4 Absatz 4 Satz 1 Verkehrswege, Fluchtwege und Notausgänge nicht frei hält,

6.

entgegen § 4 Absatz 4 Satz 2 eine Vorkehrung nicht trifft,

7.

entgegen § 4 Absatz 5 ein Mittel oder eine Einrichtung zur Ersten Hilfe nicht zur Verfügung stellt,

8.

entgegen § 6 Absatz 2 Satz 1 einen Toilettenraum nicht bereitstellt,

9.

entgegen § 6 Absatz 3 einen Pausenraum oder einen Pausenbereich nicht zur Verfügung stellt.

(2) Wer durch eine in Absatz 1 bezeichnete vorsätzliche Handlung das Leben oder die Gesundheit von Beschäftigten gefährdet, ist nach § 26 Nummer 2 des Arbeitsschutzgesetzes strafbar.

Nichtamtliches Inhaltsverzeichnis

Anhang Anforderungen an Arbeitsstätten nach § 3 Abs. 1

Inhaltsübersicht

(Fundstelle des Originaltextes: BGBl. I 2004, 2182 - 2188; bzgl. der einzelnen Änderungen vgl. Fußnote)

44

und Bereitschaftsräume,

Erste-Hilfe-Räume,

Unterkünfte

4.1 Sanitärräume

4.2 Pausen- und

Bereitschaftsräume

4.3 Erste-Hilfe-Räume

4.4 Unterkünfte

5   Ergänzende

Anforderungen an

besondere Arbeitsstätten

5.1 Nicht allseits umschlossene

und im Freien liegende

Arbeitsstätten

5.2 Zusätzliche Anforderungen

an Baustellen

Die nachfolgenden Anforderungen gelten in allen Fällen, in denen die Eigenschaften der Arbeitsstätte oder der Tätigkeit, die Umstände oder eine Gefährdung der Beschäftigten dies erfordern.

Die Rechtsvorschriften, die in Umsetzung des Artikels 95 des EG-Vertrages Anforderungen an die Beschaffenheit von Arbeitsmitteln stellen, bleiben unberührt.

1

Allgemeine Anforderungen

1.1

Konstruktion und Festigkeit von Gebäuden

Gebäude für Arbeitsstätten müssen eine der Nutzungsart entsprechende Konstruktion und Festigkeit aufweisen.

1.2

Abmessungen von Räumen, Luftraum

(1) Arbeitsräume müssen eine ausreichende Grundfläche und eine, in Abhängigkeit von der Größe der Grundfläche der Räume, ausreichende lichte Höhe aufweisen, so dass die Beschäftigten ohne Beeinträchtigung ihrer Sicherheit, ihrer Gesundheit oder ihres Wohlbefindens ihre Arbeit verrichten können.

(2) Die Abmessungen aller weiteren Räume richten sich nach der Art ihrer Nutzung.

(3) Die Größe des notwendigen Luftraumes ist in Abhängigkeit von der Art der körperlichen Beanspruchung und der Anzahl der Beschäftigten sowie der sonstigen anwesenden Personen zu bemessen.

1.3

Sicherheits- und Gesundheitsschutzkennzeichnung

(1) Unberührt von den nachfolgenden Anforderungen sind Sicherheits- und Gesundheitsschutzkennzeichnungen einzusetzen, wenn Gefährdungen der Sicherheit und Gesundheit der Beschäftigten nicht durch technische oder organisatorische Maßnahmen vermieden oder ausreichend begrenzt werden können. Die Ergebnisse der Gefährdungsbeurteilung sind dabei zu berücksichtigen.

(2) Die Kennzeichnung ist nach der Art der Gefährdung dauerhaft oder vorübergehend nach den Vorgaben der Richtlinie 92/58/EWG des Rates vom 24. Juni 1992 über Mindestvorschriften für die Sicherheits- und/oder Gesundheitsschutzkennzeichnung am Arbeitsplatz (Neunte Einzelrichtlinie im Sinne des Artikels 16 Absatz 1 der Richtlinie 89/391/EWG) (ABl. EG Nr. L 245 S. 23) auszuführen. Diese Richtlinie gilt in der jeweils aktuellen Fassung. Wird diese Richtlinie geändert oder nach den in dieser Richtlinie

47

vorgesehenen Verfahren an den technischen Fortschritt angepasst, gilt sie in der geänderten im Amtsblatt der Europäischen Gemeinschaften veröffentlichten Fassung nach Ablauf der in der Änderungs- oder Anpassungsrichtlinie festgelegten Umsetzungsfrist. Die geänderte Fassung kann bereits ab Inkrafttreten der Änderungs- oder Anpassungsrichtlinie angewendet werden.

(3) Die Sicherheits- und Gesundheitsschutzkennzeichnung in der Arbeitsstätte oder am Arbeitsplatz hat nach dem Stand der Technik zu erfolgen. Den an den technischen Fortschritt angepassten Stand der Technik geben die nach § 7 Absatz 4 bekannt gemachten Regeln wieder.

1.4

Energieverteilungsanlagen

Anlagen, die der Versorgung der Arbeitsstätte mit Energie dienen, müssen so ausgewählt, installiert und betrieben werden, dass die Beschäftigten vor Unfallgefahren durch direktes oder indirektes Berühren spannungsführender Teile geschützt sind und dass von den Anlagen keine Brand- oder Explosionsgefahr ausgeht. Bei der Konzeption und der Ausführung sowie der Wahl des Materials und der Schutzvorrichtungen sind Art und Stärke der verteilten Energie, die äußeren Einwirkbedingungen und die Fachkenntnisse der Personen zu berücksichtigen, die zu Teilen der Anlage Zugang haben.

1.5

Fußböden, Wände, Decken, Dächer

(1) Die Oberflächen der Fußböden, Wände und Decken müssen so beschaffen sein, dass sie den Erfordernissen des Betreibens entsprechen und leicht zu reinigen sind. An Arbeitsplätzen müssen die Arbeitsstätten unter Berücksichtigung der Art des Betriebes und der körperlichen Tätigkeit eine ausreichende Dämmung gegen Wärme und Kälte sowie eine

ausreichende Isolierung gegen Feuchtigkeit aufweisen.

(2) Die Fußböden der Räume dürfen keine Unebenheiten, Löcher, Stolperstellen oder gefährlichen Schrägen aufweisen. Sie müssen gegen Verrutschen gesichert, tragfähig, trittsicher und rutschhemmend sein.

(3) Durchsichtige oder lichtdurchlässige Wände, insbesondere Ganzglaswände im Bereich von Arbeitsplätzen oder Verkehrswegen, müssen deutlich gekennzeichnet sein und aus bruchsicherem Werkstoff bestehen oder so gegen die Arbeitsplätze und Verkehrswege abgeschirmt sein, dass die Beschäftigten nicht mit den Wänden in Berührung kommen und beim Zersplittern der Wände nicht verletzt werden können.

(4) Dächer aus nicht durchtrittsicherem Material dürfen nur betreten werden, wenn Ausrüstungen vorhanden sind, die ein sicheres Arbeiten ermöglichen.

1.6

Fenster, Oberlichter

(1) Fenster, Oberlichter und Lüftungsvorrichtungen müssen sich von den Beschäftigten sicher öffnen, schließen, verstellen und arretieren lassen. Sie dürfen nicht so angeordnet sein, dass sie in geöffnetem Zustand eine Gefahr für die Beschäftigten darstellen.

(2) Fenster und Oberlichter müssen so ausgewählt oder ausgerüstet und eingebaut sein, dass sie ohne Gefährdung der Ausführenden und anderer Personen gereinigt werden können.

1.7

Türen, Tore

(1) Die Lage, Anzahl, Abmessungen und Ausführung insbesondere hinsichtlich der verwendeten Werkstoffe von Türen und Toren müssen sich nach der Art und Nutzung der Räume oder Bereiche richten.

(2) Durchsichtige Türen müssen in Augenhöhe gekennzeichnet sein.

(3) Pendeltüren und -tore müssen durchsichtig sein oder ein Sichtfenster haben.

(4) Bestehen durchsichtige oder lichtdurchlässige Flächen von Türen und Toren nicht aus bruchsicherem Werkstoff und ist zu befürchten, dass sich die Beschäftigten beim Zersplittern verletzen können, sind diese Flächen gegen Eindrücken zu schützen.

(5) Schiebetüren und -tore müssen gegen Ausheben und Herausfallen gesichert sein. Türen und Tore, die sich nach oben öffnen, müssen gegen Herabfallen gesichert sein.

(6) In unmittelbarer Nähe von Toren, die vorwiegend für den Fahrzeugverkehr bestimmt sind, müssen gut sichtbar gekennzeichnete, stets zugängliche Türen für Fußgänger vorhanden sein. Diese Türen sind nicht erforderlich, wenn der Durchgang durch die Tore für Fußgänger gefahrlos möglich ist.

(7) Kraftbetätigte Türen und Tore müssen sicher benutzbar sein. Dazu gehört, dass sie

a)

ohne Gefährdung der Beschäftigten bewegt werden oder zum Stillstand kommen können,

b)

mit selbsttätig wirkenden Sicherungen ausgestattet sind,

c)

auch von Hand zu öffnen sind, sofern sie sich bei Stromausfall nicht automatisch öffnen.

(8) Besondere Anforderungen gelten für Türen im Verlauf von Fluchtwegen (Ziffer 2.3).

1.8

Verkehrswege

(1) Verkehrswege, einschließlich Treppen, fest angebrachte Steigleitern und Laderampen müssen so angelegt und bemessen sein, dass sie je nach ihrem Bestimmungszweck leicht und sicher begangen oder befahren werden können und in der Nähe Beschäftigte nicht gefährdet werden.

(2) Die Bemessung der Verkehrswege, die dem Personenverkehr, Güterverkehr oder Personen- und Güterverkehr dienen, muss sich nach der Anzahl der möglichen Benutzer und der Art des Betriebes richten.

(3) Werden Transportmittel auf Verkehrswegen eingesetzt, muss für Fußgänger ein ausreichender Sicherheitsabstand gewahrt werden.

(4) Verkehrswege für Fahrzeuge müssen an Türen und Toren, Durchgängen, Fußgängerwegen und Treppenaustritten in ausreichendem Abstand vorbeiführen.

(5) Soweit Nutzung und Einrichtung der Räume es zum Schutz der Beschäftigten erfordern, müssen die Begrenzungen der Verkehrswege gekennzeichnet sein.

(6) Besondere Anforderungen gelten für Fluchtwege (Ziffer 2.3).

1.9

Fahrtreppen, Fahrsteige

Fahrtreppen und Fahrsteige müssen so ausgewählt und installiert sein, dass sie sicher funktionieren und sicher benutzbar sind. Dazu gehört, dass die Notbefehlseinrichtungen gut erkennbar und leicht zugänglich sind und nur solche Fahrtreppen und Fahrsteige eingesetzt werden, die mit den notwendigen Sicherheitsvorrichtungen ausgestattet sind.

1.10

Laderampen

(1) Laderampen sind entsprechend den Abmessungen der Transportmittel

und der Ladung auszulegen.

(2) Sie müssen mindestens einen Abgang haben; lange Laderampen müssen, soweit betriebstechnisch möglich, an jedem Endbereich einen Abgang haben.

(3) Sie müssen einfach und sicher benutzbar sein. Dazu gehört, dass sie nach Möglichkeit mit Schutzvorrichtungen gegen Absturz auszurüsten sind; das gilt insbesondere in Bereichen von Laderampen, die keine ständigen Be- und Entladestellen sind.

1.11

Steigleitern, Steigeisengänge

Steigleitern und Steigeisengänge müssen sicher benutzbar sein. Dazu gehört, dass sie

a)

nach Notwendigkeit über Schutzvorrichtungen gegen Absturz, vorzugsweise über Steigschutzeinrichtungen verfügen,

b)

an ihren Austrittsstellen eine Haltevorrichtung haben,

c)

nach Notwendigkeit in angemessenen Abständen mit Ruhebühnen ausgerüstet sind.

2

Maßnahmen zum Schutz vor besonderen Gefahren

2.1

Schutz vor Absturz und herabfallenden Gegenständen, Betreten von Gefahrenbereichen

Arbeitsplätze und Verkehrswege, bei denen die Gefahr des Absturzes von Beschäftigten oder des Herabfallens von Gegenständen bestehen oder die an Gefahrenbereiche grenzen, müssen mit Einrichtungen versehen sein, die

verhindern, dass Beschäftigte abstürzen oder durch herabfallende

Gegenstände verletzt werden oder in die Gefahrenbereiche gelangen.

Arbeitsplätze und Verkehrswege nach Satz 1 müssen gegen unbefugtes

Betreten gesichert und gut sichtbar als Gefahrenbereich gekennzeichnet

sein. Zum Schutz derjenigen, die diese Bereiche betreten müssen, sind

geeignete Maßnahmen zu treffen.

2.2

Maßnahmen gegen Brände

(1) Arbeitsstätten müssen je nach

a)

Abmessung und Nutzung,

b)

der Brandgefährdung vorhandener Einrichtungen und Materialien,

c)

der größtmöglichen Anzahl anwesender Personen

mit einer ausreichenden Anzahl geeigneter Feuerlöscheinrichtungen und

erforderlichenfalls Brandmeldern und Alarmanlagen ausgestattet sein.

(2) Nicht selbsttätige Feuerlöscheinrichtungen müssen als solche dauerhaft

gekennzeichnet, leicht zu erreichen und zu handhaben sein.

(3) Selbsttätig wirkende Feuerlöscheinrichtungen müssen mit

Warneinrichtungen ausgerüstet sein, wenn bei ihrem Einsatz Gefahren für

die Beschäftigten auftreten können.

2.3

Fluchtwege und Notausgänge

(1) Fluchtwege und Notausgänge müssen

a)

sich in Anzahl, Anordnung und Abmessung nach der Nutzung, der Einrichtung und den Abmessungen der Arbeitsstätte sowie nach der höchstmöglichen Anzahl der dort anwesenden Personen richten,

b)

auf möglichst kurzem Weg ins Freie oder, falls dies nicht möglich ist, in einen gesicherten Bereich führen,

c)

in angemessener Form und dauerhaft gekennzeichnet sein.

Sie sind mit einer Sicherheitsbeleuchtung auszurüsten, wenn das gefahrlose Verlassen der Arbeitsstätte für die Beschäftigten, insbesondere bei Ausfall der allgemeinen Beleuchtung, nicht gewährleistet ist.

(2) Türen im Verlauf von Fluchtwegen oder Türen von Notausgängen müssen

a)

sich von innen ohne besondere Hilfsmittel jederzeit leicht öffnen lassen, solange sich Beschäftigte in der Arbeitsstätte befinden,

b)

in angemessener Form und dauerhaft gekennzeichnet sein.

Türen von Notausgängen müssen sich nach außen öffnen lassen. In Notausgängen, die ausschließlich für den Notfall konzipiert und ausschließlich im Notfall benutzt werden, sind Karussell- und Schiebetüren nicht zulässig.

3

Arbeitsbedingungen

3.1

Bewegungsfläche

(1) Die freie unverstellte Fläche am Arbeitsplatz muss so bemessen sein,

dass sich die Beschäftigten bei ihrer Tätigkeit ungehindert bewegen können.

(2) Ist dies nicht möglich, muss den Beschäftigten in der Nähe des Arbeitsplatzes eine andere ausreichend große Bewegungsfläche zur Verfügung stehen.

3.2

Anordnung der Arbeitsplätze

Arbeitsplätze sind in der Arbeitsstätte so anzuordnen, dass Beschäftigte

a)

sie sicher erreichen und verlassen können,

b)

sich bei Gefahr schnell in Sicherheit bringen können,

c)

durch benachbarte Arbeitsplätze, Transporte oder Einwirkungen von außerhalb nicht gefährdet werden.

3.3

Ausstattung

(1) Jedem Beschäftigten muss mindestens eine Kleiderablage zur Verfügung stehen, sofern Umkleideräume nach § 6 Abs. 2 Satz 3 nicht vorhanden sind.

(2) Kann die Arbeit ganz oder teilweise sitzend verrichtet werden oder lässt es der Arbeitsablauf zu, sich zeitweise zu setzen, sind den Beschäftigten am Arbeitsplatz Sitzgelegenheiten zur Verfügung zu stellen. Können aus betriebstechnischen Gründen keine Sitzgelegenheiten unmittelbar am Arbeitsplatz aufgestellt werden, obwohl es der Arbeitsablauf zulässt, sich zeitweise zu setzen, müssen den Beschäftigten in der Nähe der Arbeitsplätze Sitzgelegenheiten bereitgestellt werden.

3.4

Beleuchtung und Sichtverbindung

(1) Die Arbeitsstätten müssen möglichst ausreichend Tageslicht erhalten und mit Einrichtungen für eine der Sicherheit und dem Gesundheitsschutz der Beschäftigten angemessenen künstlichen Beleuchtung ausgestattet sein.

(2) Die Beleuchtungsanlagen sind so auszuwählen und anzuordnen, dass sich dadurch keine Unfall- oder Gesundheitsgefahren ergeben können.

(3) Arbeitsstätten, in denen die Beschäftigten bei Ausfall der Allgemeinbeleuchtung Unfallgefahren ausgesetzt sind, müssen eine ausreichende Sicherheitsbeleuchtung haben.

3.5

Raumtemperatur

(1) In Arbeits-, Pausen-, Bereitschafts-, Sanitär-, Kantinen- und Erste-Hilfe-Räumen, in denen aus betriebstechnischer Sicht keine spezifischen Anforderungen an die Raumtemperatur gestellt werden, muss während der Arbeitszeit unter Berücksichtigung der Arbeitsverfahren, der körperlichen Beanspruchung der Beschäftigten und des spezifischen Nutzungszwecks des Raumes eine gesundheitlich zuträgliche Raumtemperatur bestehen.

(2) Fenster, Oberlichter und Glaswände müssen je nach Art der Arbeit und der Arbeitsstätte eine Abschirmung der Arbeitsstätten gegen übermäßige Sonneneinstrahlung ermöglichen.

3.6

Lüftung

(1) In umschlossenen Arbeitsräumen muss unter Berücksichtigung der Arbeitsverfahren, der körperlichen Beanspruchung und der Anzahl der Beschäftigten sowie der sonstigen anwesenden Personen ausreichend gesundheitlich zuträgliche Atemluft vorhanden sein.

(2) Ist für das Betreiben von Arbeitsstätten eine raumlufttechnische Anlage erforderlich, muss diese jederzeit funktionsfähig sein. Eine Störung muss

durch eine selbsttätige Warneinrichtung angezeigt werden. Es müssen Vorkehrungen getroffen sein, durch die die Beschäftigten im Fall einer Störung gegen Gesundheitsgefahren geschützt sind.

(3) Werden Klimaanlagen oder mechanische Belüftungseinrichtungen verwendet, ist sicherzustellen, dass die Beschäftigten keinem störenden Luftzug ausgesetzt sind.

(4) Ablagerungen und Verunreinigungen in raumlufttechnischen Anlagen, die zu einer unmittelbaren Gesundheitsgefährdung durch die Raumluft führen können, müssen umgehend beseitigt werden.

3.7
Lärm

In Arbeitsstätten ist der Schalldruckpegel so niedrig zu halten, wie es nach der Art des Betriebes möglich ist. Der Schalldruckpegel am Arbeitsplatz in Arbeitsräumen ist in Abhängigkeit von der Nutzung und den zu verrichtenden Tätigkeiten so weit zu reduzieren, dass keine Beeinträchtigungen der Gesundheit der Beschäftigten entstehen.

4
Sanitärräume, Pausen- und Bereitschaftsräume, Erste-Hilfe-Räume, Unterkünfte

4.1
Sanitärräume

(1) Toilettenräume sind mit verschließbaren Zugängen, einer ausreichenden Anzahl von Toilettenbecken und Handwaschgelegenheiten zur Verfügung zu stellen. Sie müssen sich sowohl in der Nähe der Arbeitsplätze als auch in der Nähe von Pausen- und Bereitschaftsräumen, Wasch- und Umkleideräumen befinden.

(2) Waschräume nach § 6 Abs. 2 Satz 2 sind

a)

in der Nähe des Arbeitsplatzes und sichtgeschützt einzurichten,

b)

so zu bemessen, dass die Beschäftigten sich den hygienischen Erfordernissen entsprechend und ungehindert reinigen können; dazu muss fließendes warmes und kaltes Wasser, Mittel zum Reinigen und gegebenenfalls zum Desinfizieren sowie zum Abtrocknen der Hände vorhanden sein,

c)

mit einer ausreichenden Anzahl geeigneter Duschen zur Verfügung zu stellen, wenn es die Art der Tätigkeit oder gesundheitliche Gründe erfordern.

Sind Waschräume nach § 6 Abs. 2 Satz 2 nicht erforderlich, müssen in der Nähe des Arbeitsplatzes und der Umkleideräume ausreichende und angemessene Waschgelegenheiten mit fließendem Wasser (erforderlichenfalls mit warmem Wasser), Mitteln zum Reinigen und zum Abtrocknen der Hände zur Verfügung stehen.

(3) Umkleideräume nach § 6 Abs. 2 Satz 3 müssen

a)

leicht zugänglich und von ausreichender Größe und sichtgeschützt eingerichtet werden; entsprechend der Anzahl gleichzeitiger Benutzer muss genügend freie Bodenfläche für ungehindertes Umkleiden vorhanden sein,

b)

mit Sitzgelegenheiten sowie mit verschließbaren Einrichtungen ausgestattet sein, in denen jeder Beschäftigte seine Kleidung aufbewahren kann.

Kleiderschränke für Arbeitskleidung und Schutzkleidung sind von Kleiderschränken für persönliche Kleidung und Gegenstände zu trennen, wenn Umstände dies erfordern.

(4) Wasch- und Umkleideräume, die voneinander räumlich getrennt sind, müssen untereinander leicht erreichbar sein.

4.2

Pausen- und Bereitschaftsräume

(1) Pausenräume oder entsprechende Pausenbereiche nach § 6 Abs. 3 Satz 1 sind

a)

für die Beschäftigten leicht erreichbar an ungefährdeter Stelle und in ausreichender Größe bereitzustellen,

b)

entsprechend der Anzahl der gleichzeitigen Benutzer mit leicht zu reinigenden Tischen und Sitzgelegenheiten mit Rückenlehne auszustatten,

c)

als separate Räume zu gestalten, wenn die Beurteilung der Arbeitsbedingungen und der Arbeitsstätte dies erfordern.

(2) Bereitschaftsräume nach § 6 Abs. 3 Satz 3 und Pausenräume, die als Bereitschaftsräume genutzt werden, müssen dem Zweck entsprechend ausgestattet sein.

4.3

Erste-Hilfe-Räume

(1) Erste-Hilfe-Räume nach § 6 Abs. 4 müssen an ihren Zugängen als solche gekennzeichnet und für Personen mit Rettungstransportmitteln leicht zugänglich sein.

(2) Sie sind mit den erforderlichen Einrichtungen und Materialien zur ersten Hilfe auszustatten. An einer deutlich gekennzeichneten Stelle müssen Anschrift und Telefonnummer der örtlichen Rettungsdienste angegeben sein.

(3) Erste-Hilfe-Ausstattung ist darüber hinaus überall dort aufzubewahren, wo es die Arbeitsbedingungen erfordern. Sie muss leicht zugänglich und einsatzbereit sein. Die Aufbewahrungsstellen müssen als solche gekennzeichnet und gut erreichbar sein.

4.4 Unterkünfte

(1) Unterkünfte müssen entsprechend ihrer Belegungszahl ausgestattet sein mit:

a)

Wohn- und Schlafbereich (Betten, Schränken, Tischen, Stühlen),

b)

Essbereich,

c)

Sanitäreinrichtungen.

(2) Bei Anwesenheit von männlichen und weiblichen Beschäftigten ist dies bei der Zuteilung der Räume zu berücksichtigen.

5 Ergänzende Anforderungen an besondere Arbeitsstätten

5.1 Nicht allseits umschlossene und im Freien liegende Arbeitsstätten

Arbeitsplätze in nicht allseits umschlossenen Arbeitsstätten und im Freien sind so zu gestalten, dass sie von den Beschäftigten bei jeder Witterung sicher und ohne Gesundheitsgefährdung erreicht, benutzt und wieder verlassen werden können. Dazu gehört, dass Arbeitsplätze gegen Witterungseinflüsse geschützt sind oder den Beschäftigten geeignete persönliche Schutzausrüstungen zur Verfügung gestellt werden.

Werden die Beschäftigten auf Arbeitsplätzen im Freien beschäftigt, so sind die Arbeitsplätze nach Möglichkeit so einzurichten, dass die Beschäftigten nicht gesundheitsgefährdenden äußeren Einwirkungen ausgesetzt sind.

5.2

Zusätzliche Anforderungen an Baustellen

(1) Die Beschäftigten müssen

a)

sich gegen Witterungseinflüsse geschützt umkleiden, waschen und wärmen können,

b)

über Einrichtungen verfügen, um ihre Mahlzeiten einnehmen und gegebenenfalls auch zubereiten zu können,

c)

in der Nähe der Arbeitsplätze über Trinkwasser oder ein anderes alkoholfreies Getränk verfügen können.

Weiterhin sind auf Baustellen folgende Anforderungen umzusetzen:

d)

Sind Umkleideräume nach § 6 Abs. 2 Satz 3 nicht erforderlich, muss für jeden regelmäßig auf der Baustelle anwesenden Beschäftigten eine Kleiderablage und ein abschließbares Fach vorhanden sein, damit persönliche Gegenstände unter Verschluss aufbewahrt werden können.

e)

Unter Berücksichtigung der Arbeitsverfahren und der körperlichen Beanspruchung der Beschäftigten ist dafür zu sorgen, dass ausreichend gesundheitlich zuträgliche Atemluft vorhanden ist.

f)

Beschäftigte müssen die Möglichkeit haben, Arbeitskleidung und Schutzkleidung außerhalb der Arbeitszeit zu lüften und zu trocknen.

g)

In regelmäßigen Abständen sind geeignete Versuche und Übungen an Feuerlöscheinrichtungen und Brandmelde- und Alarmanlagen durchzuführen.

(2) Räumliche Begrenzungen der Arbeitsplätze, Materialien, Ausrüstungen und ganz allgemein alle Elemente, die durch Ortsveränderung die Sicherheit und die Gesundheit der Beschäftigten beeinträchtigen können, müssen auf geeignete Weise stabilisiert werden. Hierzu zählen auch Maßnahmen, die verhindern, dass Fahrzeuge, Erdbaumaschinen und Förderzeuge abstürzen, umstürzen, abrutschen oder einbrechen.

(3) Werden Beförderungsmittel auf Verkehrswegen verwendet, so müssen für andere, den Verkehrsweg nutzende Personen ein ausreichender Sicherheitsabstand oder geeignete Schutzvorrichtungen vorgesehen werden. Die Wege müssen regelmäßig überprüft und gewartet werden.

(4) Bei Arbeiten, aus denen sich im besonderen Maße Gefährdungen für die Beschäftigten ergeben können, müssen geeignete Sicherheitsvorkehrungen getroffen werden. Dies gilt insbesondere für Abbrucharbeiten sowie für den Auf- oder Abbau von Massivbauelementen. Zur Erfüllung der Schutzmaßnahmen des Satzes 1 sind

a)

bei Arbeiten an erhöhten oder tiefer gelegenen Standorten Standsicherheit und Stabilität der Arbeitsplätze und ihrer Zugänge auf geeignete Weise zu gewährleisten und zu überprüfen, insbesondere nach einer Veränderung der Höhe oder Tiefe des Arbeitsplatzes,

b)

bei Ausschachtungen, Brunnenbauarbeiten, unterirdischen oder Tunnelarbeiten geeignete Verschalungen oder Abschrägungen vorzusehen; vor Beginn von Erdarbeiten sind geeignete Maßnahmen durchzuführen, um die Gefährdung durch unterirdisch verlegte Kabel und andere Versorgungsleitungen festzustellen und auf ein Mindestmaß zu verringern,

c)

bei Arbeiten, bei denen Sauerstoffmangel auftreten kann, geeignete Maßnahmen zu treffen, um einer Gefahr vorzubeugen und eine wirksame und sofortige Hilfeleistung zu ermöglichen; Einzelarbeitsplätze in Bereichen, in denen erhöhte Gefahr von Sauerstoffmangel besteht, sind nur zulässig, wenn diese ständig von außen überwacht werden und alle geeigneten Vorkehrungen getroffen sind, um eine wirksame und sofortige Hilfeleistung zu ermöglichen,

d)

beim Auf-, Um- sowie Abbau von Spundwänden und Senkkästen angemessene Vorrichtungen vorzusehen, damit sich die Beschäftigten beim Eindringen von Wasser und Material retten können,

e)

bei Laderampen Absturzsicherungen vorzusehen.

Abbrucharbeiten sowie Arbeiten mit schweren Massivbauelementen, insbesondere Auf- und Abbau von Stahl- und Betonkonstruktionen sowie Montage und Demontage von Spundwänden und Senkkästen, dürfen nur unter Aufsicht einer befähigten Person geplant und durchgeführt werden.

(5) Vorhandene elektrische Freileitungen müssen nach Möglichkeit außerhalb des Baustellengeländes verlegt oder freigeschaltet werden. Wenn

dies nicht möglich ist, sind geeignete Abschrankungen, Abschirmungen oder Hinweise anzubringen, um Fahrzeuge und Einrichtungen von diesen Leitungen fern zu halten.